백냥이의 냠냠 수첩

편의점에서 경제도 파나요?

백곰이의 살림 수업

편의점에서 경제도 파나요?

ⓒ 정연숙·고양이다방, 2023

초판 1쇄 발행 2023년 6월 30일 | 초판 6쇄 발행 2025년 4월 22일
펴낸이 임선희 | 펴낸곳 ㈜책읽는곰 | 출판등록 제2017-000301호
주소 서울시 마포구 성지길 48 | 전화 02-332-2672~3 | 팩스 02-338-2672
홈페이지 www.bearbooks.co.kr · 전자우편 bear@bearbooks.co.kr
SNS Instagram@bearbooks_publishers
ISBN 979-11-5836-411-3, 979-11-5836-206-5(세트)

편집 우지영, 우진영, 이다정, 최아라, 박혜진, 김다예, 윤주영, 도아라, 홍은채 | 디자인 강효진, 김은지, 강연지, 윤금비 | 마케팅 정승호, 배현석, 김선아, 이서윤, 백경희, 김현정 | 경영관리 고성림, 이민종
저작권 민유리 | 협력업체 이피에스, 두성피앤엘, 월드페이퍼, 원방드라이보드, 해인문화사, 으뜸래핑, 문화유통북스

이 책은 저작권법에 따라 보호받는 저작물이므로 무단 전재와 무단 복제를 금합니다.
이 책 내용의 전부 또는 일부를 사용하시려면 반드시 저작권자와 출판사의 동의를 얻어야 합니다.

 KC마크는 이 제품이 공통안전기준에 적합하였음을 의미합니다.
제조국 : 대한민국 | 사용 연령 : 3세 이상
책 모서리에 부딪히거나 종이에 베이지 않도록 주의해 주세요.

백냥이의 냠냠 수첩

편의점에서 경제도 파나요?

정연숙 글 · 고양이다방 그림

어서오세요!
캣25 편의점입니다~!

1. 지갑을 여는 마법 주문 '한정판' 6
- 개념 쏙쏙 …… 수요, 공급, 가격 결정 12
- 경제 더하기 … 희소성이 뭐예요? 14

2. 나만 모바일 상품권 없어! 16
- 개념 쏙쏙 …… 신용 24
- 경제 더하기 … 돈이 없어도 결제가 된다고요? 26

3. 편의점, 내 용돈을 돌려줘! 28
- 개념 쏙쏙 …… 기업 36
- 경제 더하기 … 편의점 좀 그만 생겼으면 좋겠다! 38

4. 편의점 진열대는 소리 없는 전쟁터 40
- 개념 쏙쏙 …… 생산 48
- 경제 더하기 … 저도 아르바이트 할래요! 50

5. 우리 동네 만능 가게, 편의점 52
- 개념 쏙쏙 …… 유통과 시장 62
- 경제 더하기 … 점원이 없는 편의점이 있다고요? 64

6. 편의점 출입 금지! 66
- 개념 쏙쏙 …… 노동자의 권리 72
- 경제 더하기 … 진상 손님 No! No! 74

7. 진열대 좀 바꿔도 될까요? 76
- 개념 쏙쏙 …… 마케팅 82
- 경제 더하기 … 편의점에서는 어떤 마케팅을 펼쳐요? 84

8. 나만의 편의점 꿀조합 레시피   86
개념 쏙쏙 …… 모디슈머, 펀슈머   94
경제 더하기 … 재미를 판다고요?   96

9. 빚쟁이 탈출!   98
개념 쏙쏙 …… 소득, 세금   104
경제 더하기 … 어린이도 세금을 낸다고요?   106

10. 별점×100!   108
개념 쏙쏙 …… 저축   116
경제 더하기 … 남은 용돈은 어디에 투자하면 좋아요?   118

1. 지갑을 여는 마법 주문 '한정판'

백냥이는 교문을 나서자마자 종종걸음을 쳤어. 귀는 쫑긋 꼬리는 살랑 아주 신이 났지. 백냥이가 가장 좋아하는 곳에 들를 생각이거든. 거기가 어디냐고? 방앗간을 그냥 지나치지 못하는 참새처럼 백냥이가 날이면 날마다 들르는 곳, 맛있는 것도 많고 재밌는 것도 많은 곳, 바로 편의점이야.

백냥이는 편의점 파라솔 아래에 서서 책가방을 열고 수첩을 꺼냈어. 손바닥 크기의 꽤 두툼한 수첩인데, 얼마나 많이 넘겨 봤는지 가장자리가 나달나달했어. 바로 백냥이가 애지중지 아끼는 보물 1호! '편의점 냠냠 수첩'이야.

어느 날부터인가 백냥이는 편의점 음식을 먹고 난 느낌을 수첩에 끄적였어. 어떻게 생겼는지 그림을 그리고, 어떤 맛인지, 특징은 뭔지 적은 뒤 별점도 매겼지. '단짠단짠 치킨 케이크', '겉바속촉 참치 와플', '싱싱 새우 삼각김밥', '쫄깃쫄깃 조개 마카롱' …. 처음엔 재미 삼아 시작했는데 지금은 편의점 음식을 사 먹을 때마다 꼬박꼬박 쓰고 있어.

수첩을 손에 들고 편의점으로 들어가려는데 갑자기 백냥이의 눈이 커다래졌어. 문에 크게 붙어 있는 신상품 광고를 본 거야.

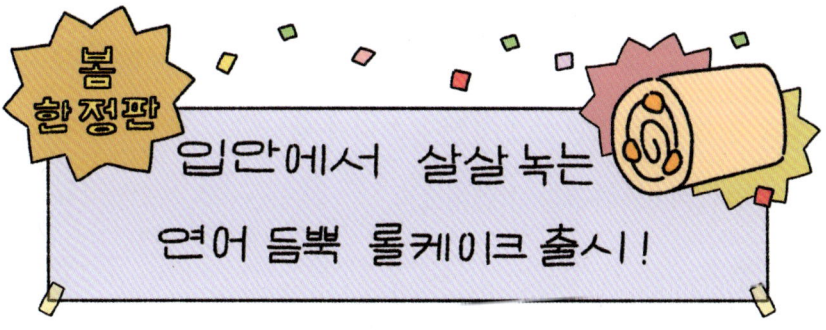

광고를 보자마자 군침이 돌았어. 연어라면 자다가도 벌떡 일어날 만큼 좋아하거든. 새로 나온 롤케이크를 먹어 봤다며 자랑하던 짝꿍 얼굴도 떠올랐어.

'우아, 이게 그거구나!'

백냥이는 군침을 꼴깍 삼키고 편의점 문을 활짝 열었어. 여느 때 같으면 가장 먼저 젤리 진열대를 구경하고 다른 진열대를 둘러봐. 그런데 오늘은 젤리 진열대엔 눈길 한 번 주지 않고 롤케이크가 있는 냉장 코너로 한걸음에 달려갔어.

"어?"

백냥이는 진열대를 보고 잔뜩 실망한 얼굴이 되었어. 연어 듬뿍 롤케이크가 있어야 할 진열대가 텅 비어 있었거든. 어깨가 축 처진 백냥이를 보고 편의점 사장 할머니가 말했어.

"새로 나온 롤케이크 사려고? 오늘 오전에 새로 들어왔는데 벌써 다 팔렸네. 한정판이라 그런지 인기가 꽤 많구나."

"한정판이요? 한정판이 뭐예요?"

"상품을 조금만 만들어서 일정 기간에만 파는 거야. 그러면 소비자들은 더 갖고 싶고, 더 사고 싶어지거든."

백냥이는 아까 편의점에 들어올 때 본 광고에 '봄 한정판'이라고 쓰여 있던 게 생각났어.

"그럼 이번 봄이 지나면 이 롤케이크는 사고 싶어도 못 사는 거예요?"

그 말에 할머니는 고개를 끄덕였어.

"그래야 희소성이 높아져서 잘 팔리거든. 작년에 인기 많았던 참치 과자 생각나니?"

"아, 참치깡 말이죠? 제 주변 고양이들이 참치깡 사려고 온 동네 편의점이랑 마트를 다 뒤지고 다녔잖아요."

"맞아, 오죽하면 인터넷 중고 장터에서 웃돈 주고 사 먹는 애들도 있었지."

"저는 할머니께 부탁해서 제값에 사 먹었지만요. 참치깡 진짜 맛있었어요, 히히!"

텅 빈 진열대를 보자 백냥이는 연어 듬뿍 롤케이크를 먹고 싶은 마음이 풍선처럼 부풀어 올랐어. 연어 듬뿍 롤케이크도 참치깡만큼이나 맛있을 것 같았지. 봄이 지나면 살 수 없다고 하니 마음이 더 급해졌어.

"할머니, 내일 몇 시에 오면 롤케이크 살 수 있어요?"

"음, 아침 아홉 시에 상품이 들어오니까 그쯤에 와 보렴."

다음 날은 쉬는 날이라 아침에 오는 건 문제없었어.

'하루쯤이야 참을 수 있지.'

그제야 백냥이는 마음 놓고 느긋하게 다른 진열대를 둘러봤어.

"우아, 생멸치 맛 막대사탕이 1+1? 하나 사면 하나가 공짜잖아! 되게 싸네."

백냥이는 지갑에서 500원을 꺼내 사탕을 샀어. 편의점에서 나오자마자 봉지를 벗기고 사탕을 입에 쏙 넣었지.

"웩, 이게 무슨 맛이야? 싱싱한 멸치 맛이 아니잖아!"

백냥이는 얼굴을 찌푸렸어. 맛없는 사탕을 하나 더 먹어야 한다니 한숨이 절로 났지.

백냥이는 집에 오자마자 편의점 냠냠 수첩을 펼쳤어.

하니 남은 사탕을 수첩 위에 올려놓고 가만히 내려다보고 있자니 짜증이 났어. 타임머신이 있다면 편의점에서 사탕을 계산하기 전으로 되돌아가고 싶었지.

"힝, 이제 와서 무를 수도 없고. 1+1이라고 괜히 충동구매 했네."

수요, 공급, 가격 결정

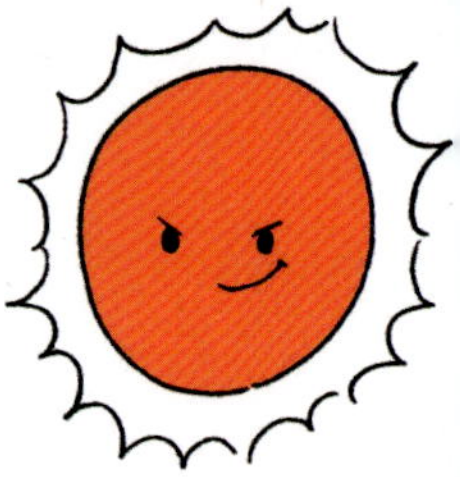

너무 더워서 에어컨을 사러 갔는데 벌써 다 팔리고 한 대도 없어. 갑작스러운 불볕더위로 공장에서 만든 에어컨 수보다 사려는 소비자가 훨씬 더 많아서 그런 거지. 에어컨을 사려면 오래 기다려야 하고 값도 더 비싸졌어. 공급보다 수요가 많아서 가격이 오른 거야.

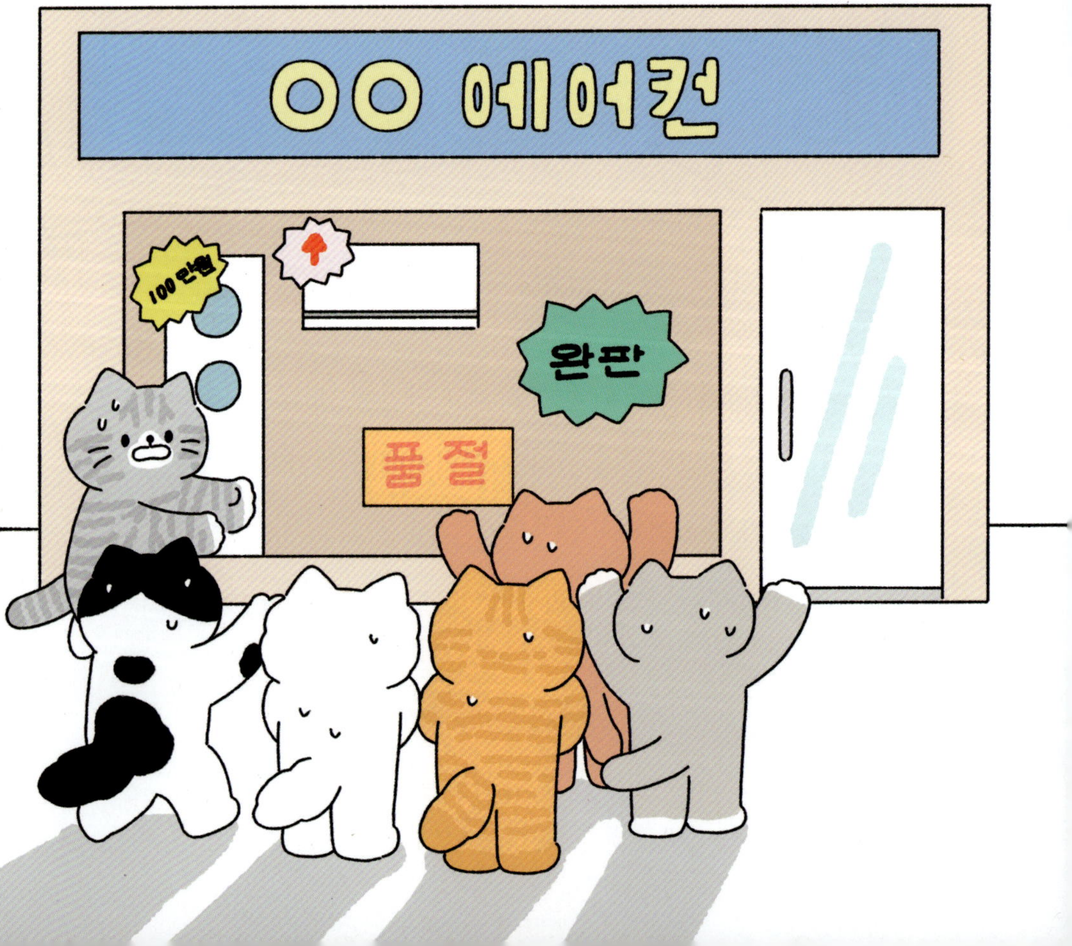

갑자기 무더위가 한풀 꺾이고 날씨가 쌀쌀해진다면 어떻게 될까? 공장에서 만든 에어컨 수보다 사려는 소비자가 적어서 가격은 내려가게 돼.

이처럼 가격은 수요와 공급에 따라 달라진단다.

희소성이 뭐예요?

수요는 많은데 공급이 적은 상품을 '희소성이 높은' 상품이라고 해. 희소성이 높을수록 갖고 싶은 욕구는 더욱 커져. 누구나 남들은 없고 나만 있는 특별한 걸 갖고 싶어 하거든. 그래서 상품을 만드는 회사에서는 상품의 희소성을 높이려고 일부러 조금만 만들어 팔거나 판매 기간을 짧게 잡기도 해. '한정판'이나 '리미티드 에디션(Limited Edition)'으로 파는 상품들이 바로 그런 거지. 공급량과 판매 기간을 정해 놓고 소비자의 구매 욕구를 자극하려는 거야.

한정판 상품을 사려고 새벽부터 길게 줄 선 사람들에 관한 뉴스를 본 적 있지? 이렇게 희소성이 높은 상품에 대한 소비자의 관심은 뜨겁단다.

2. 나만 모바일 상품권 없어!

다음 날 아침, 백냥이는 아홉 시가 되자마자 지갑을 들고 편의점으로 쌩 달려갔어. 문을 열자 '딸랑' 하고 귀여운 종소리가 났지. 편의점 사장 할머니가 백냥이를 반갑게 맞아 주셨어.

"우리 가게 단골손님 왔네. 그러잖아도 신상품 롤케이크 방금 들어왔단다."

기대에 가득 찬 백냥이는 할머니가 가리키는 진열대로 한걸음에 달려갔어.

"우아!"

연어 듬뿍 롤케이크의 생김새는 상상 이상이었어. 부드러운 케이크 시트에 살구색 연어 크림과 주홍빛 연어 잼의 조합이라니! 백냥이는 지금 당장 편의점 냠냠 수첩에 연어 듬뿍 롤케이크를 처음 본 느낌을 적고 싶었어.

'한 입 베어 물면 입안 가득 연어 향이 사르르 퍼질 것 같아.'

백냥이가 진열대 앞에서 넋 놓고 있는 사이에 누가 불쑥 손을 뻗어 롤케이크를 가져갔어. 돌아보니 대학생쯤으로 보이는 누나가 롤케이크를 자그마치 세 개나 집어 든 거야. 네 개 중 세 개를 가져갔으니, 이제 남은 건 단 하나! 백냥이는 1초의 망설임도 없이 남은 한 개를 들고 계산대로 향했어. 어, 그런데 이 일을 어쩌지? 롤케이크 가격은 3,500원인데 지갑 속엔 3,000원뿐이야. 이번 주 월요일에 한 달 용돈으로 20,000원을 받았는데 군것질거리를 사느라 벌써 17,000원을 쓴 거야.

'힝, 어쩌지? 돈이 부족하네. 어제 멸치 맛 사탕 사지 말걸. 맛도 없었는데….'

백냥이는 속이 새카맣게 타들어 가는 것 같았어. 롤케이크를 세 개나 척척 사는 누나가 무척 부러웠지. 그런데 계산대에 선 누나가 돈을 내지 않고 휴대폰을 내미는 거야. 편의점 사장 할머니도 자연스럽게 바코드 찍는 기계를 휴대폰 화면에 가까이 갖다 댔지. 그랬더니 '삑' 하고 결제가 되지 뭐야?

'와, 돈 대신 휴대폰으로도 물건을 살 수 있구나!'

백냥이는 롤케이크를 계산대에 올려 두고 자신만만하게 휴대폰을 내밀었어.

"저도 '삑' 해 주세요! 방금 저 누나처럼요."

편의점 사장 할머니는 백냥이가 내민 휴대폰 화면을 안경 너머로 유심히 들여다보고 말했어.

"백냥아, 계산하려면 모바일 상품권을 보여 줘야지."

"모바일 상품권이요?"

백냥이가 어리벙벙한 표정을 짓자 할머니는 자기 휴대폰을 꺼내서 보여 줬어. 휴대폰 화면에는 커피잔 사진 아래 흰 막대와 검은 막대가 촘촘한 바코드가 있었어.

"이게 모바일 상품권이란다. 스마트폰으로 주고받는 상품권이지. 이건 할머니 친구가 선물해 준 모바일 커피 상품권인데, 카페에 가서 이걸 보여 주면 커피를 살 수 있어."

'힝, 나만 모바일 상품권 없어.'

백냥이는 모바일 상품권으로 롤케이크를 사 간 누나도 부럽고, 돈 대신 신용카드를 내고 음료수를 사 가는 아저씨도 부러웠지.

'나도 저 아저씨처럼 무엇이든 척척 살 수 있는 신용카드가 있으면 얼마나 좋을까!'

백냥이의 마음을 읽었는지 할머니가 이야기했어.

"신용카드가 꼭 요술 카드 같지? 돈이 없어도 신용카드가 있으면 장난감도 사고, 휴대폰도 사고, 자동차도 살 수 있으니까. 그런데 신용카드를 사용하는 건 물건을 '외상'으로 사는 것과 마찬가지란다."

"외상이요?"

"물건을 사면서 물건값은 나중에 치르는 것을 외상이라고 해. 그러니까 신용카드를 쓴다는 건 나중에 돈을 갚겠다는 약속인 거야. 갚기로 약속한 날짜가 되면 카드로 계산한 금액이 통장에서 자동으로 빠져나가거든."

"그럼 통장에 물건값을 치를 만큼의 돈이 있어야겠네요?"

"응, 통장에 돈이 부족해서 약속한 날짜에 돈을 갚지 못하면 신용 불량자가 될 수도 있어. 그래서 어른 고양이 중에서도 은행에 예금해 둔 돈이 충분히 있거나, 일을 해서 소득이 있는 고양이, 그리고 부모님의 동의를 받은 중·고등학생 고양이만 신용카드를 만들 수 있어."

선물 받은 모바일 상품권도 없고, 아직 어려서 신용카드도 없는 백냥이는 시무룩해졌어. 차마 떨어지지 않는 발걸음을 떼어 롤케이크를 진열대에 갖다 놓고 편의점 밖으로 나왔지. 힘없이 터덜터

덜 걷고 있는데, 편의점 사장 할머니가 백냥이를 큰 소리로 부르며 손짓했어.

"백냥아, 연어 듬뿍 롤케이크 사는 방법 알려 줄게!"

그 말에 백냥이는 발에 날개를 단 듯 신나게 편의점으로 돌아갔어. 상상의 날개를 활짝 펼치면서 말이야.

'내가 딱해 보여서 모바일 상품권을 선물해 주시려는 걸까? 아님 내가 단골이니까 롤케이크를 공짜로? 히히!'

할머니는 잔뜩 기대에 부푼 백냥이에게 롤케이크 반만 한 수첩을 내밀었어. 공짜 롤케이크를 기대했던 백냥이는 어색하게 웃으며 물었어.

"하!하!하! 이게 뭐예요?"

"응, 이건 용돈을 어디에 얼마나 썼는지 적는 용돈 기입장이야."

할머니는 수첩의 첫 장을 펼치고는 차근차근 설명해 줬어.

"만약 백냥이가 오늘 용돈을 20,000원 받고 롤케이크를 샀다면 용돈 기입장에 이렇게 쓰면 돼. '날짜' 칸에 오늘 날짜를 쓰고, '내용' 칸에 '용돈', '들어온 돈' 칸에 '20,000원'을 써. 그리고 그다음 줄 '내용' 칸에 '롤케이크'를 적고, '나간 돈' 칸에 '3,500원', '남은 돈' 칸에는 롤케이크를 사고 남은 돈 '16,500원'을 적으면 되는 거야. 어때 쉽지?"

"근데, 꼭 써야 해요? 돈 쓸 때마다 적으려면 귀찮은데…."

백냥이는 말끝을 흐리며 머리를 긁적였어.

"맞아, 처음엔 좀 귀찮을 수 있어. 그런데 꼬박꼬박 써서 습관이 되면 돈을 어디에 얼마큼 썼는지 한눈에 알 수 있지. 충동구매를 줄이고 돈을 계획적으로 쓰는 데 큰 도움이 될 거야."

백냥이가 받을까 말까 망설이자 할머니는 서랍에서 두툼한 공책 한 권을 꺼내 보여 줬어. 공책 앞표지에는 손 글씨로 '가계부'라고 적혀 있었어.

"이 공책은 할머니가 1년에 한 권씩 쓰는 가계부란다. 용돈 기입장이랑 비슷한 건데, 날마다 쓴 돈과 들어온 돈, 남은 돈을 1년 동안 꾸준히 기록하는 거지. 할머니가 아끼는 보물이야."

'보물'이라는 말에 백냥이 귀가 쫑긋했어.

"가계부가 왜 보물이에요?"

그 말에 할머니가 뿌듯한 얼굴로 대답했어.

"젊은 시절부터 가계부를 꼬박꼬박 쓴 덕분에 돈을 차곡차곡 모아서 이렇게 편의점도 차렸으니까. 백냥이가 요즘 제일 사고 싶은 게 연어 듬뿍 롤케이크지? 용돈 기입장을 쓰면 롤케이크를 사는 데 도움이 될 텐데… 어때 한번 써 볼래?"

　백냥이는 긴가민가하는 얼굴로 용돈 기입장을 받았어. 집에 돌아와서는 비슷한 크기의 편의점 냠냠 수첩과 용돈 기입장을 보며 혼자 킥킥 웃었지.

　'수첩이 1+1이 됐잖아? 그런데 할머니 말이 사실일까? 용돈 기입장이 연어 듬뿍 롤케이크를 사는 데 도움이 될까?'

개념 쏙쏙 신용

신용카드로 구매한 물건값은 갚아야 할 빚이야. 그래서 신용카드를 사용하려면 약속한 날짜에 카드 대금을 갚을 수 있는 능력, '신용'이 있어야 해.

신용카드를 쓰고 제날짜에 돈을 갚지 못하면 밀린 날짜에 따라 더 내야 할 연체금이 생기고, 더 나아가 신용 불량자가 될 수도 있어.
신용을 지키기 위한 첫걸음은 계획적으로 현명하게 소비하는 거란다.

돈이 없어도 결제가 된다고요?

요즘엔 물건값을 계산할 때 현금을 쓰지 않는 경우가 많아. 현금을 받지 않는 카페, 편의점, 버스도 생겨나고, 현금을 갖고 다니지 않는 소비자도 늘고 있어. 과학 기술이 발전하면서 전 세계적으로 모바일 페이 같은 디지털 화폐를 많이 사용하거든. 돈이 들어 있는 은행 계좌와 연결된 휴대폰 앱으로 간편하게 결제하는 거지.

하지만 현금 없는 세상이 누구에게나 편리한 건 아니란다. 나이가 많거나 몸이 불편해서 디지털 기계를 다루기 힘든 소비자에겐 디지털 화폐가 오히려 불편하거든.

모두가 편리한 '현금 없는 세상'을 만들려면 어떻게 해야 할까?

3. 편의점, 내 용돈을 돌려줘!

주말이 지나고 월요일이 됐어. 점심을 먹고도 어느새 배가 출출해진 백냥이는 수업이 끝나자마자 친구 똑냥이랑 편의점에 갔어. 학교에서 집까지 가려면 10분쯤 걸리는데, 그사이에 지나치는 프랜차이즈 편의점만 세 군데나 돼. 백냥이가 지나치는 편의점 세 곳은 각각 다른 회사에서 운영하는 프랜차이즈 편의점이라 파는 상품도 서비스도 달라. 그래서 소비자 입장에서는 다양한 상품과 서비스를 이용할 수 있다는 장점이 있지.

학교 앞 편의점에선 맛있는 참치 맛 컵라면을 팔고, 학교와 집 중간쯤에 있는 편의점에선 고소하고 달콤한 치킨 과자를 팔아. 그리고 백냥이가 거의 날마다 가는 집 앞 편의점에선 계절마다 색다른 디저트를 내놓지. 연어 듬뿍 롤케이크 같은 거 말이야. 그래서 편의점에 가면 구경하는 재미도 있고, 1+1이나 2+1 하는 음료수를 사서 친구들과 나눠 먹는 재미도 있어.

"백냥아, 학교 앞 편의점에 가자. 나한테 할인되는 통신사 멤버십 카드 있거든. 같이 싸게 사면 좋잖아."

똑냥이는 참 알뜰하고 똑 부러지는 친구야. 통신사 멤버십 카드를 쓸 수 없는 편의점에선 물건을 사지 않아. 1+1이나 2+1의 유혹에도 흔들리지 않고 꼭 사야 할 것만 사지. 학교 앞 편의점에서 똑냥이는 참치 맛 컵라면이랑 새우 주스를 골랐어.

"그 주스 맛있겠다. 새로 나온 거네!"

"응, 다른 편의점에서는 할인 안 하는데, 이 편의점에선 통신사 멤버십 카드가 있고 참치 맛 컵라면이랑 같이 사면 20퍼센트 할인하더라고. 딱 오늘까지만 말이야."

똑냥이 말에 백냥이는 입이 절로 벌어졌어.

"와, 똑냥아 너 대단하다."

"물건을 살 때 다른 편의점이랑 가격 비교하고, 가격표 아래 작게 적혀 있는 할인 기간을 꼼꼼히 보면 돼. 이런 작은 정보들이 돈을 아끼는 데 쏠쏠히 도움이 되거든."

백냥이도 똑냥이를 따라 참치 맛 라면과 새우 주스를 고른 뒤 가격표를 보고 머릿속으로 계산을 했어.

'할인받으면 라면값 2,000원, 주스값 2,000원, 총 4,000원이네. 어쩌지? 지갑에 3,000원밖에 없는데….'

라면과 주스를 들고 곤란한 표정을 짓고 있는 백냥이를 보곤 똑냥이가 말했어.

"돈 모자라? 내가 빌려줄까?"

"고마워. 다음에 꼭 갚을게."

백냥이는 똑냥이에게 1,000원을 빌려 참치 맛 컵라면과 새우 주스를 샀어.

둘은 편의점 테라스에 앉아 컵라면을 먹기 시작했어. 꼬들꼬들한 면발이 정말 맛있었지. 라면을 후후 불며 맛있게 먹던 똑냥이가 물었어.

"근데 백냥아, 1,000원 언제 갚을 거야?"

"음, 내가 다음 달 첫째 주 월요일에 용돈 받거든. 그때 갚아도

돼?"

그러자 똑냥이가 손가락을 꼽아 보더니 말했어.

"3주 넘게 기다려야 하네. 알겠어. 까먹지 않게 용돈 기입장에 써 둬야겠다."

"으응? 너 용돈 기입장 써?"

"응, 용돈 기입장 잘 쓰면 아빠가 장난감 사 주신다고 했거든."

새우 주스를 한 모금 마시고 백냥이가 물었어.

"근데 그거 매일 쓰려면 귀찮지 않냐?"

"솔직히 처음엔 좀 귀찮았는데, 지금은 습관 돼서 괜찮아. 이젠 안 쓰면 오히려 찜찜하더라고."

집에 돌아온 백냥이는 서랍 속에서 수첩 두 개를 꺼냈어. 하나는 편의점 냠냠 수첩이고, 또 하나는 편의점 사장 할머니가 주신 용돈 기입장이야.

편의점 냠냠 수첩은 망설임 없이 술술 썼지만, 용돈 기입장엔 선뜻 손이 가지 않았어. 백냥이는 잠시 망설이다가 용돈 기입장 첫

탱글탱글 새우 주스

별점: ★★★★☆

맛: 새우 한 바구니를 한입에 털어 넣은 듯 입안 가득 차오르는 고소하고 달콤한 맛과 향! 새우 주스의 원조는 치킨 주스다. 기분 전환하고 싶을 때, 색다른 걸 먹고 싶을 때 마시면 딱!

재구매 의사: 있음!

장을 펼치고, 편의점 사장 할머니가 알려 준 대로 차근차근 써 내려갔어.

"원래 있던 돈은 3,000원이고, 그다음 줄에 오늘 날짜 쓰고, 편의점에서 참치 맛 라면이랑 새우 주스 사 먹었으니까 내용 칸에 써야지. 두 개 합친 게 4,000원이었으니까 나간 돈 칸에 4,000원이라고 쓰고, 그중에서 1,000원은 똑냥이한테 빌렸다고 써 놓고, 그럼 남은 돈은… 한 푼도 없잖아! 진짜 이번 달 용돈을 일주일 만에 다 썼다고?"

날짜	내용	들어온 돈	나간 돈	남은 돈
				3,000원
5/8	참치 맛 라면, 새우 주스	0원	4,000원 (똑냥이한테 1,000원 빌림)	-1,000원

　백냥이 얼굴이 울상이 됐어. 이번 달 용돈은 벌써 바닥났는데, 다음 달 용돈을 받으려면 3주 넘게 기다려야 했어. 그 와중에 똑냥이에게 1,000원까지 빚졌으니 그럴 수밖에. 연어 듬뿍 롤케이크를 살 가능성도 점점 줄어드는 것 같았어. 어제까지만 해도 지갑에 3,000원이 있었는데, 하루 사이에 지갑은 텅 비고 빚까지 생겼으니 말이야.

　'어휴, 라면이랑 주스 둘 중 하나만 먹을걸. 이러다 한정판 연어 듬뿍 롤케이크 영영 못 사 먹으면 어쩌지?'

백냥이는 한숨을 푹푹 쉬더니 편의점 냠냠 수첩 '새우 주스' 페이지를 펼치고 한 줄을 덧붙였어.

탱글탱글 새우 주스

별점: ★★★★☆

맛: 새우 한 바구니를 한입에 털어 넣은 듯 입안 가득 차오르는 고소하고 달콤한 맛과 향! 새우 주스의 원조는 치킨 주스다. 기분 전환하고 싶을 때, 색다른 걸 먹고 싶을 때 마시면 딱!

재구매 의사: 있음!

한 줄 평: 시간을 되돌리고 싶은 맛 T.T

개념 쏙쏙

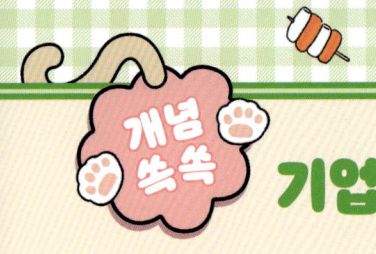

기업

기업은 옷, 휴대폰, 자동차, 아파트같이 우리 생활에 필요한 것들을 만들어. 꼭 눈에 보이는 물건이 아니더라도 은행이나 항공 회사처럼 편리한 서비스를 제공하는 기업도 있지. 고객이 돈을 맡기거나 빌릴 수 있도록, 비행기를 타고 어디론가 갈 수 있도록 말이야.

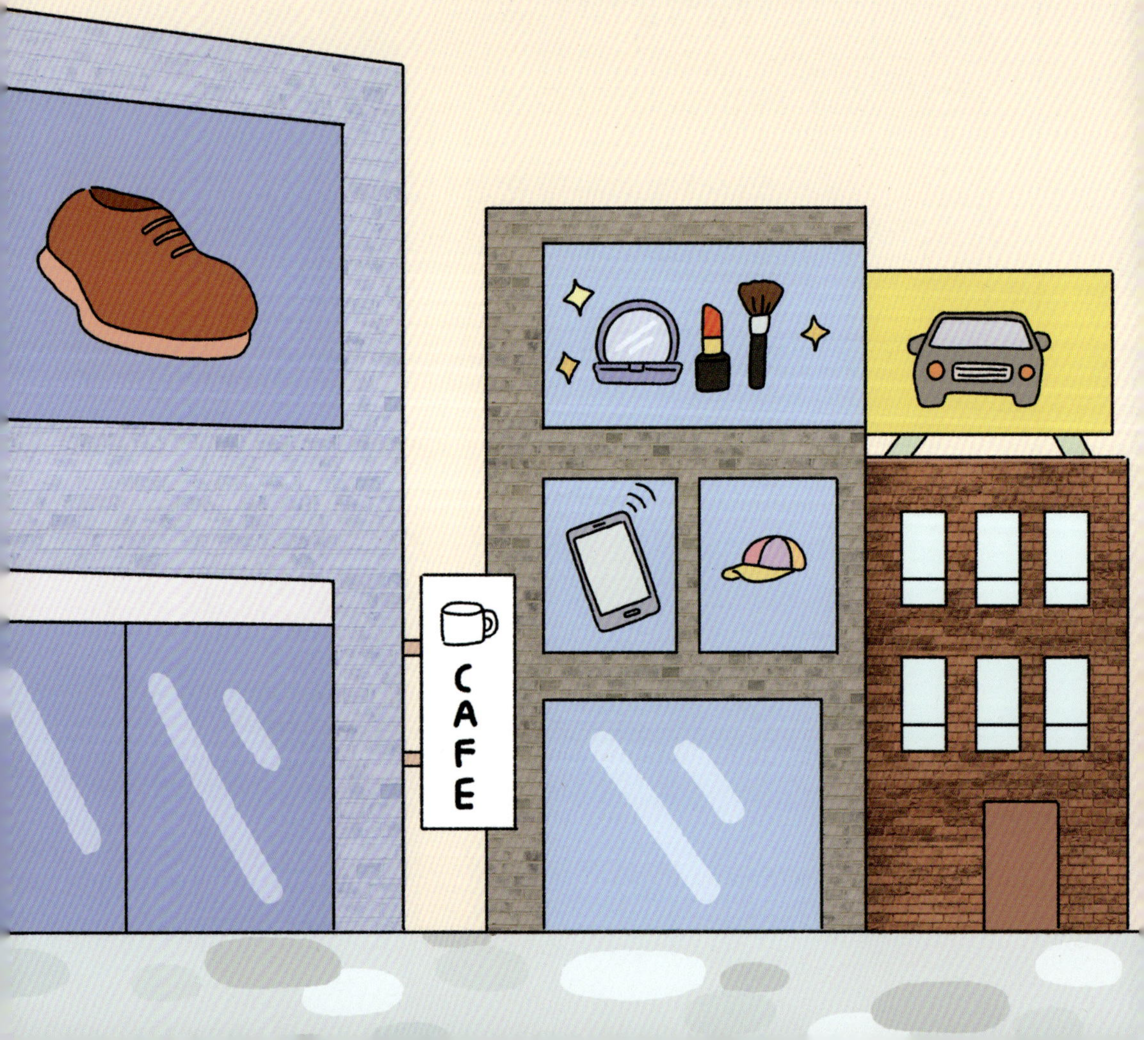

소비자는 여러 기업이 만든 상품과 서비스 중에서 자신이 원하는 상품이나 서비스를 고르고 돈을 내. 기업은 소비자에게 더 많은 상품과 서비스를 팔기 위해 치열하게 경쟁하지.

편의점 좀 그만 생겼으면 좋겠다!

다양한 기업의 프랜차이즈 편의점이 많을수록 다양한 상품을 선택할 수 있어서 소비자에게는 좋아. 하지만 한 건물에 편의점이 여러 개 생기거나, 걸어서 30초도 되지 않는 가까운 거리에 또 편의점이 들어서면 편의점을 운영하는 점주 입장에서는 어려움이 많단다. 손님이 줄어들고 적자가 쌓여 결국 문을 닫을 수밖에 없거든. 그래서 편의점을 운영하는 기업들은 일정 거리 안에 편의점이 있으면 새로운 매장을 내지 않기로 했어. 그뿐 아니라, 치열한 경쟁에서 살아남기 위해 다양한 전략을 펼치고 있어. 편의점 회사에서 단독 개발한 브랜드 상품(PB 상품)을 만드는 것도 그중 하나야.

4. 편의점 진열대는 소리 없는 전쟁터

　이틀 뒤, 백냥이가 편의점 문을 빼꼼 열었어. '우리 동네 직업 체험'이라고 적힌 노란색 조끼를 입고서 말이야. 편의점 사장 할머니가 백냥이를 보고 환하게 웃었어.
　"백냥이가 와서 마음이 든든하구나."
　백냥이네 학교에는 소방서나 도서관 같은 공공 기관, 빵집이나 약국 같은 동네 가게에서 직접 일을 해 보는 직업 체험 활동이 있어. 4주 동안 일주일에 한 번, 하루 40분씩 직업 체험 활동을 하는데, 체험 기간이 끝나면 통장으로 체험비도 입금돼. 일한 대가로 돈을 버는 첫 경제 활동인 셈이지.

편의점에 가는 게 취미인 백냥이는 당연히 편의점에서 일하는 걸 선택했어. 편의점에 대해 더 많이 알고 싶었거든. 직업 체험 조끼를 입었더니 조금 쑥스럽기도 하고, 어른이 된 기분도 들었어.

"오늘은 백냥이가 상품을 사는 소비자가 아니라 생산자네."

"생산자요?"

백냥이가 고개를 갸웃하며 되묻자, 할머니는 진열대에 놓인 삼각김밥을 들고 눈을 반짝이며 말했어.

"삼각김밥이 소비자에게 오기까지는 세 가지 생산 활동이 필요해. 농촌에서는 쌀을 수확하고, 공장에선 쌀로 밥을 지어 여러 재료를 넣은 삼각김밥을 만들고, 편의점에선 공장에서 만든 삼각김밥을 소비자에게 팔지. 이렇게 생활에 필요한 상품을 만들고 판매하는 활동을 '생산 활동'이라고 한단다."

"그럼 벼농사를 짓는 고양이, 공장에서 삼각김밥을 만드는 고양이, 편의점에서 삼각김밥을 파는 고양이를 모두 '생산자'라고 하는 거예요?"

할머니는 웃으며 백냥이 머리를 쓰다듬었어.

"맞아, 그래서 오늘 백냥이에게 생산자라고 말한 거였어. 자, 그럼 우리 같이 일해 볼까? 마침 음료수를 진열하려던 참이었는데 백냥이도 해 볼래?"

"네, 좋아요!"

음료수 냉장고 쪽으로 걸어가던 할머니가 퀴즈를 내듯 물었어.

"백냥아, 음료수 냉장고가 왜 편의점 가장 안쪽에 있는지 아니?"

백냥이는 편의점을 한 번 휘둘러보고 대답했어.

"글쎄요, 시원하게 보관하려고요? 출입문 쪽에 있으면 냉기를 뺏기니까요."

"오, 그것도 그럴듯한데 말이야, 음료수가 가장 안쪽에 있는 건 편의점만의 진열 법칙이 있기 때문이란다."

백냥이의 동그란 눈동자가 더 동그래졌어. 문턱이 닳도록 편의점을 드나들었지만, 그런 게 있는지 꿈에도 몰랐거든.

"편의점만의 진열 법칙이요? 그런 게 있어요?"

할머니는 고개를 끄덕이며 말했어.

"편의점에 오는 손님들이 가장 많이 사 가는 품목이 뭔지 아니? 바로 음료수야. 음료수가 편의점 가장 안쪽에 있으면 음료수를 사러 가는 동안 자연스럽게 다른 상품들을 둘러보게 되겠지?"

"네, 저도 음료수 사러 가면서 젤리도 보고, 초콜릿이랑 과자도 구경해요. 마음에 드는 게 있으면 하나 사기도 하고요."

"바로 그거야. 소비자가 편의점에 머무는 시간은 평균 1분에서 1분 30초 정도야. 그 짧은 시간 안에 상품을 최대한 많이 팔려면 단 1초라도 진열대의 상품을 더 볼 수 있게 해야겠지? 그러니까 음료수 진열대가 가장 안쪽에 있는 건 상품을 하나라도 더 팔기 위한 전략인 셈이야."

이야기를 듣고 나자 백냥이는 그동안 별생각 없이 지나치던 진열대가 다르게 보였어. 음료수 냉장고로 가는 길목에 진열된 상품들이 '여기 좀 봐! 여기 좀 보라고!' 하고 손짓하는 것 같았지.

음료수 진열을 마친 할머니가 요구르트를 진열하기 시작했어. 백냥이는 할머니를 도우려고 진열대 맨 아랫줄부터 요구르트를 채워 넣었지. 그런데 백냥이가 열심히 진열한 요구르트를 할머니가 진열대 가운데 칸으로 하나씩 옮기는 거야.

"어, 제가 뭐 잘못 했어요?"

백냥이가 머리를 긁적이며 묻자 할머니가 말했어.

"잘했어. 참 잘했는데, 편의점엔 편의점만의 특별한 진열 방법이 있거든. 그래서 위치를 바꾼 거야."

"음료수 냉장고가 가장 안쪽에 있는 것 말고 또 다른 진열 법칙도 있는 거예요?"

할머니가 진열하던 요구르트를 가리키며 말했어.

"그렇단다. 이 요구르트는 새로 나온 상품이야. 신상품이니까 소비자 눈에 잘 띄는 곳에 진열해야 광고가 되겠지? 이렇게 새로 나온 상품이나 잘 팔리는 상품은 시선이 잘 닿지 않는 맨 아랫줄이나 맨 윗줄보다 소비자의 눈길이 자연스럽게 가닿는 위치에 진열해야 더 잘 팔린단다."

할머니 말을 듣고 보니 정말 그랬어. 백냥이는 요구르트 중에서 가장 인기 있는 치킨 맛 요구르트를 종종 사 먹는데, 늘 한눈에 찾기 쉬운 위치에 진열되어 있거든.

"이렇게 눈에 잘 띄는 진열대 위치를 '골든 존(Golden Zone)'이라고 한단다. 인기 있거나 새로 나온 상품을 진열하는 특별한 공간이야."

백냥이는 칸칸마다 재밌는 비밀을 갖고 있는 편의점 진열대가 새롭게 느껴졌어. 모든 상품이 잘 팔리는 인기 상품이 되려고 치열한 경쟁을 벌이는 것 같았지. 요구르트 정리를 마친 백냥이는 도시락과 삼각김밥이 진열된 냉장고와 그 주변을 유심히 살폈어.

"할머니, 컵라면이랑 삼각김밥이 서로 가까이에 놓여 있는 것도 진열 법칙인가요? 컵라면과 삼각김밥을 자연스럽게 같이 판매하려는?"

"오, 백냥이 눈썰미가 제법인데! 편의점엔 자그마치 2,000가지가 넘는 상품이 있어. 그중엔 서로 '짝꿍'인 상품들이 있지. 방금 백냥이가 말한 컵라면과 삼각김밥, 우유와 빵, 맥주와 오징어는 가까이 진열하면 서로 잘 팔리는 짝꿍들이야."

백냥이는 진열대 가장 아랫줄 구석진 자리에 놓인 과자를 보며 이어 물었어.

"그런데 아무도 찾지 않아서 잘 안 팔리는 상품은 어떻게 돼요?"

그 과자는 예전에 백냥이가 편의점 냠냠 수첩에도 적었던 과자였어. 다른 과자에 비해 조금 비싸고 양도 적지만, 자꾸 손이 가는 맛있는 과자라고 적고 별점을 네 개나 줬던 기억이 났어.

"한때 인기가 있어서 골든 존에 있던 상품이라도 인기가 떨어져 잘 팔리지 않으면 진열대에서 눈에 잘 띄지 않는 곳으로 점점 밀려나. 계속 팔리지 않아 재고가 쌓이고 주문이 없으면 제조사에서도 더는 만들지 않지. 한마디로 단종되는 거야. 그렇게 아무도 모르게 사라지는 상품도 적지 않단다. 굳이 눈에 띄지 않아도 소비자들이 찾는 스테디셀러도 구석진 곳에 진열해. 맨 아랫줄에 있어도 사 가거든."

직업 체험을 한 첫날, 집에 돌아온 백냥이는 예전에 편의점 냠냠 수첩에 적어 둔 편의점 구석에 있던 과자 부분을 펼쳤어. 그러고는 이렇게 덧붙였지.

생산

논에선 벼를 기르고, 바다에선 오징어를 잡아. 공장에선 옷, 침대, 책, 휴대폰, 통조림 같은 다양한 제품을 대량으로 만들지.

생산이란 이처럼 우리가 생활하는 데 필요한 물건을 만드는 모든 활동을 말해. 상품을 판매하고 배달하는 것도 생산 활동이란다.

사회가 발전하면서 생산 활동의 종류도 점점 다양해지고 있어.

은행에서 하는 금융 활동, 병원에서 하는 의료 활동처럼 생활에 도움이 되는 서비스를 제공하는 것도 생산 활동이지. 음악이나 영화, 방송, 게임 따위를 만들어서 소비자에게 즐거움을 주는 것도 생산 활동이란다.

저도 아르바이트 할래요!

아르바이트란 짧은 기간 동안 임시로 하는 일을 말해. 아르바이트는 만 15세부터 할 수 있는데, 만 18세 미만의 청소년이 일하려면 부모님 동의서와 가족 관계 증명서가 필요해. 하지만 만 13세부터 만 15세까지의 청소년도 특별한 사정이 있으면 일을 할 수 있지. 그럴 때는 고용 노동부 장관이 일하는 걸 허락했다는 증명서인 '취직 인허증'을 먼저 받아야 해. 취직 인허증 없는 만 15세 미만 청소년을 고용한 사업주는 감옥에 갇히거나 많은 벌금을 물어야 하지. 청소년은 취직 인허증이 있어도 술집처럼 청소년에게 해로운 가게에서는 일할 수 없단다.

5. 우리 동네 만능 가게, 편의점

일주일 뒤 두 번째 직업 체험하는 날이 됐어. 백냥이는 룰루랄라 발걸음도 가볍게 편의점으로 갔지.

"안녕하세… 어?"

인사하던 백냥이는 우물우물 말꼬리를 흐렸어. 사장 할머니는 보이지 않고 처음 보는 형이 진열대를 정리하고 있었거든. 대학생쯤 돼 보이는 형이었어.

"할머니 어디 가셨어요?"

"아, 네가 백냥이구나. 편의점에서 체험 활동하는 학생 맞지?"

백냥이가 고개를 끄덕이자 형이 씩 웃었어.

"만나서 반가워. 난 철옹이야. 원래는 밤에 아르바이트하는데 오늘 사장님이 급한 볼일이 생겨서 평소보다 일찍 나왔어."

백냥이가 쭈뼛쭈뼛 어색해하자 철옹이 형이 말했어.

"과일이랑 채소가 들어와서 진열하는 중이었는데, 좀 도와줄래? 중·고등학생들이 학원 가기 전에 간식 사 먹으러 몰려들 시간이라서 끝내야 하거든."

백냥이는 얼른 체험 활동 조끼를 입고, 형이 말한 진열대로 가서 과일을 가지런히 늘어놓았어. 투명 플라스틱 포장 용기에 담긴 빨간 사과는 맛있어 보였지. 과일 진열을 마치고 옆옆 칸으로 가서 샐러드를 진열하고 있는데 꼬마 고양이 목소리가 들렸어.

"맛있겠다! 엄마, 사과 사 주세요, 네?"

그 말을 들은 백냥이는 자기도 모르게 입꼬리가 살짝 올라갔어.

'내가 진열을 잘해서 사과가 눈에 띄었나 봐, 크크.'

그런데 아이 엄마의 말을 듣자마자 입꼬리가 축 처졌어.

"시장에 가서 사자. 편의점보다 시장에서 사는 게 더 싸거든."

"그냥 여기서 사요. 시장 가려면 길도 건너야 하는데…."

"여기서 사과 살 돈이면 시장에선 사과도 사고, 문어 빵도 사 먹을 수 있는데?"

문어빵이란 말에 꼬마 고양이는 집었던 사과를 얼른 내려놓았어. 그 모습을 본 백냥이는 궁금증이 생겼어. 그래서 두 고양이가 편의점을 나가자마자 형에게 물었지.

"철옹이 형, 편의점에서 파는 사과가 시장에서 파는 것보다 더 비싸요?"

"응, 보통은 그렇지. 편의점에서 파는 사과랑 시장에서 파는 사과는 유통 과정이 다르니까."

"유통? 유통이 뭐예요?"

"시골 과수원에서 농부가 키운 사과가 도시에 사는 소비자에게 오는 과정, 그게 바로 '유통'이야. 과수원 사과가 소비자에게까지 오려면 여러 과정을 거쳐야 하거든. 유통 과정이 늘어날수록 가격은 점점 올라가. 각 과정에서 일하는 고양이나 회사가 모두 이익을 남겨야 하거든. 그래서 멀리 있는 도매 시장보다 동네 소매 시장에서 파는 상품의 가격이 비싸지."

"도매 시장이랑 소매 시장은 어떻게 다른데요?"

백냥이의 두 눈이 호기심으로 반짝였어.

"도매 시장에선 과수원에서 수확한 사과를 커다란 상자에 담아 여러 상자씩 한꺼번에 팔고, 소매 시장에선 도매 시장에서 산 사과를 다섯 개에서 열 개 정도씩 나눠서 팔아."

"길 건너 시장에 있는 과일 가게에서 파는 것처럼요?"

"응, 소매 시장은 유통 과정이 하나 더 늘어나는 셈이지. 그런데 여기 편의점에서 파는 사과의 유통 과정은 일반적인 유통 과정과는 조금 달라. 그래서 가격도 다르게 매겨지지."

"왜요?"

"편의점 본사는 거대한 유통망을 갖추고 있어서 유통 과정을 줄일 수 있어. 그럼 가격이 더 쌀 것 같지? 그런데 편의점을 운영하려면 본사에 일정한 돈을 내야 하고, 24시간 운영하려면 드는 인건비와 전기세도 만만치 않아. 거기에 편의점에서 파는 과일들은 한두 개씩 소량으로 판매되는 데다, 이렇게 플라스틱 포장 용기에 포장하는 비용까지 추가돼서 가격이 더 올라갈 수밖에 없어."

백냥이는 그제야 이해가 됐어. 꼬마 고양이 엄마가 편의점에서 사과를 사지 않고 시장으로 간 이유 말이야. 그런데 한편으론 걱정도 됐지. 편의점 사과가 비싸서 영영 안 팔리면 어쩌나 하고 말이야. 동네 시장뿐만 아니라 대형 마트, 인터넷 쇼핑으로 더 싸게 살 수 있으니까.

"근데 형, 편의점 과일은 비싸서 잘 안 팔릴 것 같은데, 과일 말고 다른 상품을 파는 게 더 낫지 않나요?"

"하하, 걱정 마. 요즘엔 혼자 사는 1묘 가구가 부쩍 늘었잖아. 값이 싸다고 덥석 사서 다 못 먹고 버리는 것보다 조금씩 소량으로 사는 게 더 경제적이거든. 그래서 혼자 사는 고양이들에겐 한두 개씩 포장된 과일이 더 잘 팔려."

백냥이가 '다행이다.' 하며 가슴을 쓸어내리는데 철옹이 형이 다급하게 말했어.

"아차, 손님 없을 때 얼른 청소도 해야 하는데! 백냥아, 내가 청소하는 동안 이 젤리들 좀 진열해 줄래?"

편의점에서 젤리 진열대 구경하는 것을 제일 좋아하는 백냥이는 신이 났지. 젤리를 구경하다 보면 웃음이 절로 나와. '절대 굽지 마세요!'라고 적힌 삼겹살 젤리, '전자레인지에 돌리면 녹아요.'라고 적힌 도시락 젤리처럼 편의점에서는 대형 마트나 슈퍼에서는 볼 수 없는 재밌고 기발한 젤리를 만날 수 있거든. 청소하던 철옹이 형이 혼자 킥킥대며 삼겹살 젤리를 진열하는 백냥이를 보고 물었어.

"그 젤리 진짜 웃기지? 정육점에서 파는 삼겹살이랑 똑같이 생겼잖아. 근데 진짜 삼겹살 맛이 날까?"

"형, 나 이거 먹어봤는데, 달콤한 딸기 맛이에요."

삼겹살 모양 젤리는 신상품으로 나오자마자 백냥이가 편의점 냠냠 수첩에 후기를 남겼던 젤리야. 진짜 삼겹살을 구워 먹듯 적당한 크기로 착착 잘라서 접시에 담아 먹었던 기억이 떠올랐어.

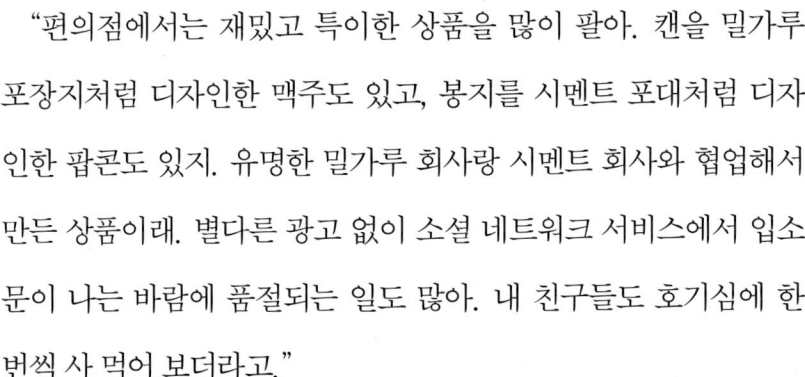

절대 구우면 안 되는 삼겹살 젤리

별점: ★★★★☆

맛: 달콤한 딸기 맛

삼겹살의 탈을 쓰고 있지만 사실은 달콤한 딸기 맛 젤리. 맛도 재미도 모두 합격!

재구매 의사: 있음

 "편의점에서는 재밌고 특이한 상품을 많이 팔아. 캔을 밀가루 포장지처럼 디자인한 맥주도 있고, 봉지를 시멘트 포대처럼 디자인한 팝콘도 있지. 유명한 밀가루 회사랑 시멘트 회사와 협업해서 만든 상품이래. 별다른 광고 없이 소셜 네트워크 서비스에서 입소문이 나는 바람에 품절되는 일도 많아. 내 친구들도 호기심에 한 번씩 사 먹어 보더라고."

 백냥이와 철웅이 형이 편의점에서만 만날 수 있는 재밌는 상품이야기를 하며 열심히 일하고 있는데, 편의점 문이 벌컥 열렸어. 한 아줌마가 낑낑대며 택배 보낼 상자를 들고 왔지. 막 청소를 마친 형이 서둘러 계산대로 달려갔어.

"택배 부칠 수 있죠?"

"네, 택배 접수합니다."

누가 신호라도 준 것처럼 택배를 보내러 온 아줌마를 시작으로 갑자기 손님들이 밀려왔어.

"고속도로 통행료 낼 수 있죠?"

"복권 세 장 주세요."

"교통 카드 1만 원어치 충전해 주세요."

밀물처럼 들어왔던 손님들이 썰물처럼 빠져나가자, 한참 서 있던 철웅이 형이 그제야 의자에 털썩 앉았어.

"아, 다리 아파. 편의점 아르바이트하기 전엔 손님 없는 시간에 틈틈이 책도 보고 쉴 수 있을 줄 알았는데… 바쁠 땐 화장실 갈 시간도 없다니까."

편의점엔 물건 사는 손님들만 오는 게 아니었어. 택배를 부치고 받고, 복권을 사고, 전기·가스·수도 요금을 내고, 교통 카드를 충전하고, 현금 입출금기에서 돈을 뽑고, 휴대폰을 충전하고… 백냥이는 우체국에 은행 노릇까지 척척 하는 편의점이 무척 신기했어. 작지만 아주 큰 가게처럼 느껴졌지.
　'편의점이 없다면 얼마나 불편할까? 편의점이 있어서 정말 다행이야.'

유통과 시장

바다에서 어부들이 잡은 고등어를 집에서 편안히 먹을 수 있는 건 '유통' 덕분이야.

유통이란 상품이 생산자에게서 소비자에게로 전달되는 과정이야. 유통 과정이 늘어날수록 상품 가격은 올라가기 때문에 유통 과정을 줄여 가격을 낮춘 홈 쇼핑과 인터넷 쇼핑을 이용하는 소비자도 많지.

시장은 생산자가 상품을 팔고, 소비자가 상품을 사는 곳이야.

시장의 종류는 무척 다양하단다. 우리가 장을 보러 가는 재래시장이나 대형 마트뿐만 아니라 홈 쇼핑이나 인터넷 쇼핑도 시장이야. 집과 땅을 사고파는 부동산 시장, 주식을 거래하는 주식 시장, 눈에 보이지 않는 가상 화폐를 사고파는 가상 자산 시장도 있어.

점원이 없는 편의점이 있다고요?

점원이나 주인이 없는 무인 가게에서 계산해 본 적 있니? 키오스크가 계산을 대신하는 무인 가게가 점점 늘어나고 있어. 그에 발맞춰 무인 편의점도 점점 늘고 있어. 손님이 많은 낮에는 점원이 근무하고, 손님이 적은 밤에는 점원을 두지 않는 거지. 점원을 두지 않으면 인건비를 절약할 수 있는 장점이 있거든. 하지만 키오스크에 익숙하지 않은 소비자들은 무인 가게를 이용하는 데 어려움을 겪기도 해.

세계 경제 전문가들은 무인 가게가 늘어날수록 일자리를 잃는 노동자도 늘어날 거라며 걱정하고 있어.

6. 편의점 출입 금지!

오늘은 체험 활동 세 번째 날이야. 오늘도 철웅이 형과 함께였지. 백냥이가 샌드위치 진열대를 정리하고 있는데, 옆에서 음료수를 채우던 형이 얼굴을 찌푸리며 한숨을 쉬었어.

"어휴, 저 아저씨 또 왔네."

"누구요?"

백냥이가 궁금해하자 형이 귓속말로 작게 말했어.

"과자 진열대 앞에 서 있는 빨간 모자 쓴 아저씨. 자주 오는 손님인데 자꾸 생떼를 부려서 힘들어. 가방에 동전을 잔뜩 담아 와서 지폐로 바꿔 달라고 하질 않나, 봉짓값을 왜 내느냐며 공짜로 달라고 화내질 않나…."

지난주 금요일 밤, 철웅이 형은 유난히 더 바빴어. 잔뜩 술을 마시고 편의점에 와 컵라면을 먹던 손님 셋이 우당탕 싸우더니 컵라면을 바닥에 몽땅 쏟은 거야. 철웅이 형은 손님들 싸움을 말린 다음 바닥을 청소하느라 눈코 뜰 새 없이 바빴지. 그때 빨간 모자 아저씨가 100원짜리, 50원짜리, 10원짜리 동전이 마구 섞인 가방을 들고 나타나서는 동전들을 지폐로 바꿔 달라면서 난리를 쳤어. 편의점이 은행도 아닌데 말이지.

또 어제는 땀을 뻘뻘 흘리며 무거운 물건을 옮기고 있는데, 빨간 모자 아저씨가 나타났어. 비닐봉지를 달라고 하더니 무슨 봉짓값이 100원이나 하냐면서 공짜로 달라고 떼를 쓰는 거야. 안 된다고 아무리 말해도 통하지 않자, 철웅이 형은 어쩔 수 없이 아저씨에게 비닐봉지를 줬어. 그러곤 지갑에서 100원을 꺼내 편의점 금고에 넣었지. 자기 돈으로 빨간 모자 아저씨의 봉짓값을 채워 넣은 거야.

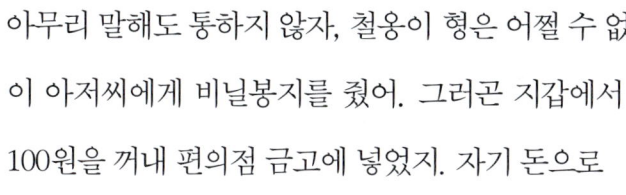

"오늘은 제발 별일 없어야 할 텐데."

서둘러 진열을 마친 철옹이 형은 부리나케 계산대 쪽으로 걸음을 옮겼어. 봉지 과자를 들고 계산대 앞에 선 아저씨는 겉으로는 평범해 보였어. 그런데 잠시 뒤 계산대 쪽에서 큰소리가 났어.

"당장 환불해 줘!"

"손님, 죄송합니다. 상품에 문제가 있는 게 아니라서 환불은 어렵습니다."

"문제가 왜 없어? '맛있는 오징어 과자'라고 적혀 있어서 샀는데 맛이 없잖아, 맛이! 먹고 나서 입맛만 버렸다고! 에잇, 퉤퉤!"

"이미 개봉하고 드신 상품이라 환불해 드릴 수 없어요."

"뭐라고! 다른 편의점에서는 해 주던데 여긴 왜 안 해 줘! 이봐, 알바! 장사 하루 이틀 해?"

"손님, 진정하세요."

철옹이 형은 삿대질하며 고집부리는 아저씨의 화를 가라앉히려 애썼어. 백냥이는 계산대 앞으로 가서 아저씨가 손에 든 과자를 예리한 눈빛으로 꼼꼼히 살펴봤어.

"아저씨, 이 오징어 과자 어디서 사셨어요?"

아저씨는 백냥이 말은 들은 척도 하지 않고 철옹이 형에게 계속 따졌어.

"야, 동네 인터넷 카페에 '불친절하다.', '환불도 안 해 준다.' 소문 퍼지면 손님 끊기는 거 몰라? 내가 카페 게시판에 글 한 번 확 올려 봐?"

백냥이는 철옹이 형을 함부로 대하고 자기 말도 무시하는 아저씨에게 화가 났어. 그래서 다시 한번 큰 소리로 말했지.

"아저씨, 이 오징어 과자 길 건너 편의점에서 산 거 아니에요? 이 과자 우리 편의점에 없어요."

백냥이 말에 철옹이 형의 두 눈이 커졌어.

"어, 진짜네! 이 오징어 과자 우리 편의점에서 안 팔잖아."

아저씨는 몹시 당황하더니 백냥이에게 눈을 부라리며 큰소리를 쳤어.

"요 버릇없는 녀석! 쪼그만 게 어른들 이야기에 왜 끼어들어?"

그때 출입문 쪽에서 단호한 목소리가 들렸어.

"손님, 지금 뭐 하시는 겁니까?"

고개를 돌려보니 외출을 마치고 돌아온 편의점 사장 할머니가

서 있었어. 할머니는 화를 꾹 참고서 빨간 모자 아저씨를 똑바로 바라보며 분명하게 말했지.

"아이가 정확한 사실을 알려 줬으면 고맙다고 하지는 못할망정 왜 화풀이하시나요? 어른답게 어서 사과하세요."

할머니의 카리스마에 아저씨는 꼬리를 슬그머니 내렸어. 그리고 오징어 과자를 챙겨 들고 서둘러 편의점 밖으로 나갔어.

"쳇, 내가 이 편의점에 다신 오나 봐라!"

아저씨가 길 건너 편의점으로 향하자 백냥이와 철옹이 형을 보며 할머니가 무척 미안해했어.

"모두 많이 놀랐지? 아이고, 미안해라. 조금만 더 일찍 왔으면 좋았을 텐데 차가 막혀서 그만…."

철옹이 형이 진지하게 말했어.

"가끔 저런 손님을 만나면 정말 화나고 힘들어요. 무슨 좋은 방법 없을까요?"

백냥이는 직접 해 보고서야 편의점 일이 쉽지만은 않다는 것을 깨달았어. 편의점에서는 재미있는 일만 가득할 줄 알았거든.

'우리 엄마 아빠도 일하면서 이렇게 힘들 때가 많았을까?'

백냥이는 집에 돌아오자마자 편의점 냠냠 수첩을 펼친 다음 편의점에서 본 빨간 모자 아저씨를 그렸어.

노동자의 권리

사람이 살아가는 데는 먹을 것, 입을 것, 쉴 집까지 많은 것이 필요해. 이렇게 살아가는 데 필요한 것을 얻기 위해 일하는 것을 '노동'이라고 하지.

세상은 사회 구성원들의 노동으로 움직이고 있어. 만약 택배가 멈춘다면, 지하철이 멈춘다면, 병원이 문을 닫는다면, 편의점이 문을 닫는다면 세상은 어떻게 될까?

세상의 중심에는 일하는 '노동자'가 있어. 버스 기사도, 교사도, 의사도, 웹툰 작가도 모두 노동자야. 모두 노동을 통해 능력을 펼치고, 보람과 기쁨도 느끼지.

모든 노동자에겐 정당한 대가를 받을 권리, 안전한 환경에서 일할 권리, 인간다운 삶을 보장받으며 일할 권리가 있단다.

진상 손님 No! NO!

365일 24시간 열려 있는 편의점엔 많은 손님이 와. 그중엔 점잖은 손님도 많지만, 무리한 요구를 하는 손님도 적지 않아. 비닐봉지를 공짜로 달라며 화내는 일도 있고, 계산할 때 돈이나 카드를 휙 던지는 일도 있어. 밤늦은 시간, 술에 취해서 행패를 부리기도 하지. 마치 점원에게 무례하게 구는 것이 손님의 권리인 양 말이야. 편의점 아르바이트생 대부분이 이런 진상 손님 때문에 고생한 경험이 있다고 해. 소비자로서 갖춰야 할 기본은 무엇보다도 상대방을 존중하는 마음이란다.

7. 진열대 좀 바꿔도 될까요?

　일주일 뒤, 마지막 네 번째 체험 활동 날이 되었어. 백냥이는 현관문을 나섰다가 다시 집에 들어가 우산을 챙겼어. 금방이라도 비가 쏟아질 듯 짙은 먹구름이 가득했거든. 아니나 다를까 편의점에 도착하기도 전에 빗방울이 후드득후드득 떨어지기 시작했어. 한 손에 우산을 들고서 편의점에 들어온 백냥이를 보고 사장 할머니는 서둘러 편의점 창고 쪽으로 갔어.
　"아차차! 내 정신 좀 봐. 문 앞에 우산 진열하는 걸 깜빡했네."
　"아, 비가 오면 우산이 잘 팔리니까요?"
　"이야, 우리 백냥이가 편의점 척척박사 다 됐네. 그래, 맞아. 날씨나 계절에 따라 상품 진열도 달라지거든. 오늘처럼 갑자기 비가 쏟아지는 날엔 우산을 찾는 손님이 많지."

백냥이는 얼마 전 미세 먼지와 황사가 심했던 날에 편의점에서 마스크를 샀던 기억이 났어. 여름 방학 땐 친구와 편의점에서 귀여운 캐릭터가 그려진 휴대용 선풍기 구경도 했지.

할머니를 도와 우산을 진열하면서 백냥이가 말했어.

"날씨가 추워지면 편의점에서 군고구마도 팔잖아요. 아, 생각만 해도 침 고인다."

"그럼 그럼, 따뜻한 군고구마도 팔고, 호빵도 팔고."

지난겨울, 편의점에서 과자랑 우유를 사서 계산을 하려다가 계산대 옆에서 맛있는 냄새를 솔솔 풍기는 군고구마의 유혹을 이기지 못하고 주머니 속 마지막 동전까지 탈탈 털어 사 먹었던 기억도 떠올랐어.

'아, 그때 군고구마 진짜 달고 맛있었는데…. 빨리 겨울이 오면 좋겠다.'

백냥이가 쩝쩝 입맛을 다시는데 옆에서 낑낑대는 소리가 들렸어. 유치원생으로 보이는 꼬마 고양이가 까치발을 하고서 높은 곳에 있는 과자를 꺼내려 안간힘을 쓰고 있는 거야.

"힝, 저 과자 먹고 싶은데!"

과자를 꺼내는 데 실패한 꼬마 고양이는 속상한 표정으로 진열대 맨 윗줄에 있는 치킨 스낵을 올려다봤어.

"이 과자 맛있지? 형이 꺼내 줄게. 자, 여기."

"형아, 고마워, 히히."

백냥이가 과자를 내밀자 꼬마 표정이 금세 환해졌어. 그 모습을 보고 백냥이 머릿속에 좋은 생각이 번쩍하고 떠올랐어.

"할머니, 제가 진열대 좀 바꿔도 될까요?"

"응? 진열대를?"

"네, 지금 진열대는 어른 고양이 눈높이에 맞춰서 상품이 진열돼 있잖아요. 꼬마 고양이들이 좋아하는 과자, 젤리, 초콜릿은 꼬마들 눈높이에 맞춰서 낮은 칸에 진열하면 더 잘 팔릴 것 같아서요."

할머니는 백냥이 말에 무릎을 탁 치며 감탄했어.

"오, 그거 좋은 생각인데!"

할머니는 계산대 밖으로 나와 문 가까이에 있는 짧은 진열대 한 칸을 비워 줬어. 백냥이가 두 팔을 벌렸을 때 너비랑 비슷한 너비

였지.

"자, 여기에 진열하고 싶은 상품을 맘껏 진열해 보렴."

백냥이는 과자, 젤리, 초콜릿 진열대를 매의 눈으로 훑으며 고민에 빠졌어.

'흠… 이 중에서 어떤 상품을 진열해야 잘 팔릴까?'

백냥이는 고민 끝에 일곱 가지 상품을 골랐어. 세 가지는 꾸준히 잘 팔리는 상품이고, 다른 네 가지는 나온 지 얼마 안 된 신상품인데도 꼬마 고양이들 사이에서 유행하는 젤리와 과자였어. 이 상품들을 보기 좋게 잘 진열한 다음 눈에 잘 띄도록 이름표도 붙였지.

진열을 마친 백냥이는 두근거리는 마음으로 손님을 기다렸어. 곧 편의점 종소리가 울리더니 할아버지 손을 잡은 꼬마가 들어왔지. 꼬마는 백냥이가 정성껏 진열한 진열대에서 눈을 떼지 못하고 할아버지 손을 끌어당겼어.

"할아버지, 할아버지가 좋아하는 옛날 과자랑 내가 좋아하는 젤리가 여기 다 있어요."

할아버지 고양이는 어릴 때부터 즐겨 먹던 완두콩 범벅 과자를 골랐고, 손자 고양이는 유치원 친구들에게 자랑할 거라며 새로 나온 고양이 발바닥 모양 젤리를 골랐어.

"오호, 백냥이 아이디어가 진짜 효과가 있구나!"

사장 할머니의 칭찬에 백냥이는 날아갈 듯 기분이 좋았어.

"이 근처에 유치원이 있어서 꼬마 고양이를 데리러 온 할아버지, 할머니들이 편의점에 자주 들르거든요. 그래서 꼬마와 어른 들이 좋아하는 간식들로 진열대를 채운 거예요."

"그렇구나! 체험 활동하면서 편의점 마케팅 전문가가 다 됐네. 이제부터 귀 쫑긋 세우고 백냥이 의견 잘 들어야겠는걸? 우리 편의점 매출을 높이기 위해 바꿔야 할 점, 또 어떤 게 있을까?"

백냥이는 할머니의 계속되는 칭찬에 쑥스러우면서도 어깨가 으쓱해졌어. 그리고 집에 돌아오자마자 편의점 냠냠 수첩의 고양이 발바닥 젤리 부분을 펼쳐 이렇게 덧붙였지.

마케팅

상품을 하나라도 더 팔려면 소비자의 관심을 끌어야 해. 그래서 기업에선 늘 새로운 상품을 만들고, 광고를 하고, 기존 상품의 디자인을 바꾸곤 하지.

이처럼 판매를 늘리기 위한 기업의 다양한 활동을 '마케팅'이라고 해. 호랑이해에 귀여운 호랑이 캐릭터가 들어간 달력을 만들고, 토끼해에 토끼 모양 케이크를 파는 것처럼 해가 바뀔 때마다 열두 띠 동물을 활용한 이벤트를 벌이는 것도 마케팅이야. 성공적인 마케팅을 위해서 인공 지능을 이용해 소비자의 취향과 반응을 예측하기도 해.

편의점에서는 어떤 마케팅을 펼쳐요?

소비자의 취향과 유행이 빠르게 바뀌고 있어. 그런 만큼 편의점에서도 주요 고객인 10대와 20대의 취향과 유행에 맞춰 발 빠르게 신상품을 선보이고 있어. 건강과 환경을 중요시하는 채식 소비자가 늘자 고기를 넣지 않은 비건 삼각김밥을 선보이고, 3차원 가상 세계 플랫폼인 메타버스가 주목받자 거기에도 편의점을 여는 식으로 말이야.

특히 가상 세계의 편의점은 신상품을 알리는 것뿐만 아니라, 젊은 소비자와 소통할 수 있는 여러 가지 재미있는 이벤트를 열어 기업에 대한 이미지를 높이는 마케팅 공간으로 활용되고 있단다.

8. 나만의 편의점 꿀조합 레시피

4주간의 직업 체험 활동이 끝났어. 하지만 백냥이의 발은 습관처럼 편의점으로 향하고 있었지.

백냥이는 지난 4주가 그야말로 눈 깜짝할 사이에 지나간 것 같았어. 좋아하는 편의점에 대해 새로 알게 된 게 많아서 무척 재미있었거든. 백냥이가 아쉬운 마음으로 편의점 문을 열었더니 사장 할머니가 도시락을 먹고 계셨어.

"백냥아, 어서 오렴. 아까 손님이 너무 많아서 밥때를 놓치고 이제야 점심 먹네."

할머니가 먹고 있는 도시락을 보자 백냥이도 출출해졌어. 동글

동글 병아리콩과 알록달록 채소, 담백한 치킨을 고슬고슬 볶아 만든 볶음밥 위에 노란 달걀지단을 이불처럼 사르르 덮은 게 무척 맛있어 보였거든.

"이거 편의점에서 파는 도시락이에요?"

"아니, 사장님이 직접 만드신 거야."

창고 정리를 마치고 나온 철옹이 형이 엄지손가락을 치켜세우며 말했어.

"진짜요? 그런데 형, 오늘도 일찍 왔네요?"

"오늘 밤에 일이 있어서 아르바이트 시간을 바꿨어. 사장님 음식 솜씨 최고야, 최고!"

철옹이 형의 말에 사장 할머니는 기분 좋은 웃음을 지었어.

"백냥아, 병아리콩 품은 치킨 달걀 볶음밥, 한번 먹어 볼래?"

할머니가 새 숟가락을 내밀었어. 백냥이는 망설일 틈도 없이 크게 한 숟가락을 떠서 '와앙' 먹었어. 부드럽고 고소한 맛이 입안 가득 퍼졌지.

"식당에서 파는 것보다 훠어얼씬 맛있어요!"

"편의점에서 파는 치킨 볶음밥을 할머니 입맛에 맞게 바꿔 봤어. 기존에 있는 요리를 참고해서 새로운 요리를 만들어 먹는 게 할머니 취미거든."

할머니는 그동안 휴대폰에 차곡차곡 찍어 둔 음식 사진과 동영상을 백냥이에게 보여 줬어.

고등어 강정 김밥, 치킨 만두 그라탱, 멸치 향 솔솔 마카롱, 떠먹는 연어 슈크림 빵….

사진만 봐도 입안 가득 군침이 돌았지. 그때 백냥이에게 좋은 생각이 번쩍 떠올랐어. 백냥이는 편의점 유리창에 붙어 있는 커다란 포스터를 가리키며 말했어.

"할머니, 할머니, 저 대회 나가 보세요!"

편의점 UCC 공모전

모두 사로잡는 편의점 요리 경연 대회!

가격 대비 성능이 중요한 '가성비'파!

가격 대비 만족도가 중요한 '가심비'파!

당신의 레시피를 공개해주세요!

당신도 자신만의 새로운 레시피를 만드는 '모디슈머'가 될 수 있습니다!
대상을 차지한 레시피는 신상품으로 출시됩니다!

- **참여 방법**: 요리 재료와 요리 과정을 동영상으로 찍어 출품
- **시상 내역**: 대상 상금 1,000만 원
  부상 편의점 모바일 상품권 증정

"병아리콩 품은 치킨 볶음밥을 보통 도시락 통 말고 반으로 톡 깬 달걀 껍데기 모양 도시락 통에 담으면 어때요? 요즘엔 특이하고 재밌어 보이는 게 인기더라고요."

백냥이는 예전에 편의점 냠냠 수첩에 적었던 내용이 떠올라 아이디어를 냈어.

"오, 좋은데! 컵케이크 모양은 어떨까? 볶음밥이 컵케이크 통에 담겨 있으면 귀엽지 않을까?"

"좋아요! 양이 적어서 바쁜 아침이나 간단히 식사하고 싶을 때 딱일 것 같아요. 미역국이나 북엇국처럼 일회용 국이랑 세트로 팔아도 좋고요."

할머니와 백냥이는 틈틈이 편의점 UCC 공모전에 어떤 요리를 낼지 아이디어를 주고받았어.

"맛도 좋고, 보기도 좋고, 영양까지 풍부한 레시피를 개발해야겠어. 편의점 음식에 대한 편견을 깨는 요리랄까?"

"편견요?"

백냥이가 고개를 갸웃거리자 철웅이 형이 대답했어.

"편의점 음식을 한 끼 대충 때울 때 먹는 음식이라고 생각하는

경우가 많거든. 사장님, 편의점 음식에 대한 고정관념을 와장창 깨는 요리로 만들어 주세요. 저처럼 혼자 사는 고양이들이 좋아할 만한 맛도 좋고 영양도 가득한 요리로요."

한껏 흥분해서 목소리를 높인 철웅이 형의 말을 듣고 할머니가 무릎을 탁 쳤어.

"그래, 손맛 가득 할머니표 간식! 이걸 요리 콘셉트로 해야겠다! 어떠니?"

"할머니가 만든 간식이라면 맛있어서 맨날 사 먹고 싶을 것 같아요."

"요즘 복고풍이 인기잖아요. 어린 시절을 추억하는 '할머니 손맛!' 어른들에게도 통할 것 같은데요."

"꼬마들 인기는 걱정 마세요. 할머니 요리가 편의점에 나오면 제가 책임지고 우리 학교에 입소문 낼게요."

백냥이와 철옹이 형이 주거니 받거니 이야기를 이어가자 할머니는 함박웃음을 지었어.

"음식은 아직 만들지도 않았는데, 벌써 대상을 탄 것 같구나."

철옹이 형도 할머니를 거들기로 했어. 할머니가 요리하는 모습을 촬영하고 영상 편집하는 걸 돕기로 한 거야.

그런데 갑자기 할머니가 걱정스러운 얼굴로 말했어.

"내가 과연 잘할 수 있을까? 일도 바쁜데 괜한 짓 하는 거 아닌지 몰라."

할머니가 망설이는 듯하자, 백냥이는 진심을 담아 응원했어.

"할머니 요리 솜씨 진짜 최고예요. 우리 셋만 알기엔 너무너무 아까워요."

백냥이 말에 할머니는 주먹을 불끈 쥐고 고개를 끄덕여 보였어.
"그래, 용기를 내서 도전해 보마!"

모디슈머, 펀슈머

전혀 다른 두 개의 라면을 섞어 색다른 라면을 만드는 것처럼 자신만의 방법으로 다양한 상품을 조합해서 즐기는 소비자를 '모디슈머(Modisumer)'라고 해. '수정하다(Modify)'와 '소비자(Consumer)'를 합친 말이지. 자신이 개발한 독특하고 재밌는 레시피를 소셜 네트워크 서비스(SNS)나 블로그에 올리는 소비자들이 늘어나면서 기업에서는 인기 있는 모디슈머 레시피를 살려 신상품으로 개발하기도 해.

상품을 살 때 재미와 즐거움도 함께 쫓는 소비자가 늘면서 '펀슈머(Funsumer)'라는 말도 생겼어. '재미(FUN)'와 '소비자(Consumer)'를 합친 말이지. 펀슈머가 늘어나면서 시멘트 포장과 팝콘처럼 전혀 어울릴 것 같지 않은 것들을 조합해서 독특한 재미를 노린 상품들이 인기란다.

재미를 판다고요?

'MZ세대'라는 말 아니? MZ세대는 1980년대에서 2000년대 초반에 태어난 10대에서 30대를 말하는데, 자신만의 독특한 경험을 소셜 네트워크 서비스를 통해 많은 사람과 공유하는 특징이 있어. 편의점은 MZ세대가 친근하게 여기고 좋아하는 공간이란다. 독특하고 재밌는 신상품이 잇따라 나오니까.

MZ세대가 소셜 네트워크 서비스에 올린 상품이 입소문 나서 단박에 인기 상품이 되기도 해. 그래서 기업에서는 유행을 이끄는 MZ세대의 마음을 사로잡기 위해 다른 기업과 협업해서 신상품을 내놓곤 하지. 독특한 재미를 더한 신상품을 개발하는 '펀슈머 마케팅(Funsumer Marketing)'을 펼치는 거야.

9. 빚쟁이 탈출!

어느 날, 학교에서 돌아와 책가방을 내려놓던 백냥이는 식탁 위에 뭔가 놓여 있는 걸 발견했어. 빨간 리본으로 포장된 살구색 상자였지.

"내 생일도 아닌데, 이게 뭘까?"

리본을 풀고 상자를 열어 본 백냥이의 두 눈이 500원짜리 동전만큼 커다래졌어. 상자 안엔 그토록 먹고 싶어 하던 연어 듬뿍 롤케이크가 가지런히 담겨 있었거든. 자그마치 열두 개나!

"우아!"

살짝 눈을 감고 롤케이크를 맛보려는 순간, '지이이잉! 지이이잉!' 커다란 진동 소리가 들렸어. 그 소리가 어찌나 요란하던지 지진이 난 것처럼 온 집 안이 흔들렸지. 깜짝 놀라 두 눈을 떠 보니, 어? 백냥이는 소파에 누워 있고 식탁 위에 있던 연어 듬뿍 롤케이크 상자는 온데간데없이 사라진 거야. 식탁 위엔 백냥이 휴대폰만 덩그러니 놓여 있었어.

"에잉, 이게 뭐야. 꿈이었잖아. 한 입이라도 맛보고 깼으면 좋았을 텐데…."

백냥이의 속상한 마음도 모르고 휴대폰이 또 '지이잉!' 하고 크게 울렸어. 화풀이하듯 휴대폰을 휙 들어 보니 문자가 와 있었어. 아래로 축 처져 있던 백냥이의 입꼬리가 문자를 보고는 위로 쏘옥 말려 올라갔어.

> 백냥이 님의 야옹은행 계좌로
> 직업 체험 활동비 36,640원이 입금되었습니다.

백냥이는 휴대폰을 손에 들고 덩실덩실 춤을 췄어. 갑자기 엄청난 부자가 된 기분이 들었거든.

'아, 맞다! 돈이 생기면 가장 먼저 그것부터 하기로 했지.'

백냥이는 어디론가 전화를 한 다음 밖으로 나갔어. 자전거를 타고 놀이터랑 태권도 학원, 그리고 문구점을 지나 도착한 곳은 도서관 앞 공원이었어.

"백냥아!"

단풍나무 아래에서 손을 흔드는 고양이는 똑냥이였어. 백냥이는 지갑에 챙겨 온 돈 1,000원을 꺼내 똑냥이에게 내밀었어.

"자, 여기 지난번에 편의점에서 빌린 돈이야. 그때 빌려줘서 고마웠어."

"너 아직 용돈 받을 날 안 됐잖아?"

백냥이는 똑냥이에게 체험비가 입금됐다는 문자를 보여 줬어.

"너한테 돈 빌린 뒤로 내내 마음이 무거웠거든. 이제야 속이 후련하다, 하하!"

백냥이는 편의점 사장 할머니에게 신용에 대해 배운 뒤로 친구 사이의 신용도 무척 중요하다는 생각이 들었어. 신용을 잃으면 친구도 잃을 수 있으니까. 그래서 돈이 생기면 똑냥이에게 빌린 돈부터 가장 먼저 갚아야겠다고 생각했지.

백냥이와 똑냥이는 자전거를 타고 봄바람이 솔솔 부는 공원을 함께 달렸어.

"돈도 생겼으니까 이제 연어 듬뿍 롤케이크 사 먹으면 되겠네. 너 그거 엄청 먹고 싶어 했잖아."

똑냥이 말에 백냥이는 낮에 꿨던 꿈이 떠올라 웃음이 났어.

"킥킥, 얼마나 먹고 싶었던지 꿈에도 나왔어."

"그거 캣25 편의점에서 파는 거 아니야? 지금 편의점 갈래?"

"아니, 나중에."

백냥이 말에 똑냥이는 자전거를 끼익 멈췄어.

"헉, 해가 서쪽에서 뜨려나? 편의점 덕후가 편의점 가는 걸 마다하다니! 그거 봄 한정판이라 지금 안 사면 영영 못 먹을지도 모른다면서."

똑냥이 말에 백냥이는 피식 웃음이 났어. 사실은 편의점에서 직업 체험 활동하는 동안 진열대에 놓인 연어 듬뿍 롤케이크를 틈만 나면 흘끔흘끔 봤거든. '한정 판매 끝나기 전에 꼭 사 먹을 거야.' 하며 벼르고 또 별렀지.

"집에 가서 '그거' 써 본 다음에 살지 말지 정하려고."

"그거? 그거가 뭐야?"

"너도 매일 쓰는 거 있잖아. 돈 쓸 때마다 쓰는 거."

"용돈 기입장? 백냥이 너도 용돈 기입장 써?"

"응, 용돈 기입장 쓴 다음에 정하려고."

백냥이는 똑냥이에게 돈을 빌린 날부터 용돈 기입장을 쓰기 시작했어. 편의점 사장 할머니에게서 처음 받았을 때는 귀찮아서 쓰지 않았거든. 용돈 기입장을 쓰면서 백냥이는 자기가 돈을 어디에 얼마나 쓰는지 제대로 알게 됐어. 용돈의 대부분을 군것질하는 데 쓴다는 걸 말이야. 게다가 충동구매를 하고 뒤늦게 후회하는 일도 많다는 걸 알았지. 그래서 돈 쓰기 전에 한 번 더 생각하고, 미리 계획을 세운 다음 쓰기로 마음먹었어. 편의점에서 일을 하면서 깊이 깨달았거든. 돈 쓰는 건 무척 쉽지만 돈 버는 건 어렵다는 사실을 말이야.

"우아, 백냥이 너 엄청 달라졌다. 좀 멋진걸!"

똑냥이의 칭찬에 백냥이는 기분이 좋아졌어. 백냥이도 이전과 달라진 제 모습이 마음에 들었지. 한결 가벼워진 마음으로 자전거를 타고 달리며 백냥이는 다짐했어.

'편의점 냠냠 수첩처럼 용돈 기입장도 꾸준히 잘 써야지!'

소득, 세금

소득은 경제 활동을 해서 얻은 돈을 말해. 우리는 회사에서 일하거나, 농사를 짓거나, 가게를 운영해서 소득을 얻지. 가정에서는 이렇게 얻은 소득으로 먹을 것을 사고, 갖가지 세금과 전기 요금 같은 공과금을 내고, 병원이나 학원에도 가고, 저축도 해.

국가를 운영하는 데에도 돈이 필요해. 국민의 편안하고 안전한 삶을 위해 도로나 학교, 도서관, 경찰서 같은 각종 시설을 만들고 운영하려면 돈이 필요하니까. 그래서 국가에서는 국민에게 돈을 걷는데, 이 돈이 바로 세금이야. 나라에 세금을 내는 것, 그러니까 납세는 국민이 꼭 지켜야 할 의무란다.

어린이도 세금을 낸다고요?

영수증을 자세히 본 적 있니? 영수증을 보면 '부가 가치세'라는 말을 찾을 수 있어. 물건값의 10퍼센트를 세금으로 냈다는 뜻이야. 세금에는 여러 종류가 있는데, 그중에서도 정부나 지방자치단체를 운영하는 데 필요한 비용을 마련하기 위해 걷는 세금을 '보통세'라고 해. 보통세는 '직접세'와 '간접세' 이렇게 크게 두 가지로 나눌 수 있지.

직접세는 소득세, 재산세, 자동차세처럼 국가에 직접 내는 세금이야. 간접세는 부가 가치세처럼 물건을 살 때 나도 모르게 내는 세금이지. 하지만 모든 물건에 부가 가치세가 붙진 않아. 쌀이나 수돗물처럼 생활에 꼭 필요한 것, 책값이나 박물관 입장료처럼 문화와 관련된 것, 학원비처럼 교육에 관련된 것, 약값이나 병원비처럼 건강과 관련된 것에는 부가 가치세가 붙지 않는단다.

10. 별점 X 100!

편의점 요리 UCC 공모전 마감 날이었어. 백냥이가 편의점 문을 빼꼼 열고 물었어.

"할머니, 편의점 요리 UCC 공모전에 동영상 출품하셨어요?"

"편의점 오기 전에 레시피랑 동영상 보내고 왔단다. 밤새 잠 한숨 못 자고 겨우 완성했어. 그런데 신기하게도 하나도 안 피곤해. 뭔가에 푹 빠져 본 거 정말 오랜만이거든. 백냥이 덕분에 할머니가 평생 잊지 못할 경험을 했구나."

할머니는 정말 즐거워 보였어.

"아 참! 백냥아, 한정판으로 나온 연어 듬뿍 롤케이크, 이번 주까지만 팔고 다음 주부턴 다른 신상품이 나온다는구나."

할머니의 말을 들은 백냥이는 최근에 정리한 용돈 기입장을 다시 한번 떠올렸어.

'똑냥이한테 진 빚 갚고, 남은 체험 활동비랑 이번 달에 받은 용돈 중 10,000원만 남기고 저축했으니까 지금 지갑에는 10,000원이 있겠다. 3,500원 하는 롤케이크 사고, 6,500원이 남으면 이번 달 용돈으로 부족하지 않겠지? 아, 드디어 사 먹을 수 있겠구나!'

◇ 용돈기입장 ◇

날짜	내용	들어온 돈	나간 돈	남은 돈
6/2	직업 체험 활동비	36,640원		36,640원 (-1,000원 똑냥이한테 갚아야 할 돈)
6/2	똑냥이에게 빚 갚음		1,000원	35,640원
6/5	용돈	20,000원		55,640원
6/5	저축		45,640원	10,000원

백냥이가 연어 듬뿍 롤케이크를 집어 들었어. 돈도 없고 모바일 상품권도 없어서 롤케이크를 눈앞에 두고도 사지 못했던 지난날이 떠올라 웃음이 났지.

"할머니, 연어 듬뿍 롤케이크 계산해 주세요."

백냥이가 계산대에 롤케이크를 내려놓자, 할머니가 진열대에서 롤케이크를 하나 더 갖고 오셨어.

"자, 오늘은 특별히 1+1!"

백냥이가 깜짝 놀라자 할머니가 바코드를 찍으며 말했어.

"이 롤케이크는 그동안 수고 많이 한 백냥이에게 할머니가 주는 선물이야. 그동안 고마웠어, 백냥아."

그렇게 먹고 싶던 연어 듬뿍 롤케이크를 두 개 받아 든 백냥이는 코끝이 시큰했어. 편의점에서 일하는 동안 백냥이도 할머니에게 정이 많이 든 거야.

"다 할머니 덕분이에요. 편의점 덕후에서 편의점 경제 전문가가 된 기분이랄까요? 정말 감사합니다."

"우리 백냥이가 돈으로 살 수 없는 경제 지식을 경험으로 배웠구나. 편의점에서 간식만 사 먹은 게 아니라 경제도 산 게야!"

할머니의 말에 백냥이는 빙긋 웃었어.

한 달 뒤, 기다리던 그날이 왔어. 편의점 요리 UCC 공모전 수상자 발표 날!

백냥이는 학교가 끝나자마자 편의점으로 달려갔어. 할머니와 철웅이 형이 결과를 함께 보려고 백냥이를 기다리고 있었지.

"할머니, 어서 확인해 보세요!"

"아유, 할머닌 심장 떨려서 못 보겠다. 백냥이 네가 해 봐."

모두가 지켜보는 가운데 백냥이는 두근거리는 마음으로 공모전 결과 발표 페이지로 넘어가는 버튼을 눌렀어.

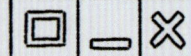 편의점 UCC 공모전.com

심사평: 은은한 바다 향이 담긴 케이크에 싱싱한 연어가 쏙쏙 박힌 '연어 쏙쏙 컵케이크'는 연어를 소량으로 넣어 '가성비'가 좋고, 은은한 오렌지색과 연두색 케이크 색깔로 '가심비'도 높였으며, 연어 무늬 과자로 컵을 만들어 '가잼비'까지 품은 요리입니다.
심사위원들은 만장일치로 '꼬마 고양이를 위한 연어 쏙쏙 컵케이크'를 편의점 신상품으로 출시하기로 결정했습니다.
수상을 진심으로 축하합니다!

"우아! 우아! 우아!"

할머니와 백냥이, 철웅이 형은 서로 얼싸안고 기뻐했어.

할머니가 만든 '꼬마 고양이를 위한 연어 쏙쏙 컵케이크'가 888 대 1의 경쟁률을 뚫고 대상을 차지한 거야!

편의점 사장 할머니가 기뻐하며 말했어.

"우리 다 같이 상을 받은 거나 마찬가지야. 백냥이는 대회에 나가 보라며 용기를 줬고, 철웅 청년도 동영상 만드는 거 도와줬잖아. 그리고 백냥이 같은 꼬마 손님 덕분에 이 요리를 만들 수 있었단다."

"정말요?"

"롤케이크를 사 먹고 싶은데 돈이 모자라서 못 사 먹는 걸 보고 안타까웠거든. 그래서 꼬마 고양이들이 부담 없이 사 먹을 수 있는 저렴하면서도 맛도 좋고 몸에도 좋은 간식이 있으면 좋겠다고 생각했지. 자, 이건 우리 모두를 위한 선물!"

할머니가 내민 도시락 뚜껑을 열어 본 백냥이의 입이 떡 벌어졌어. 할머니가 직접 만든 연어 듬뿍 롤케이크와 연어 쏙쏙 컵케이크가 먹음직스럽게 담겨 있었거든. 앞으로 전국 편의점에서 판매될

연어 쏙쏙 컵케이크를 누구보다 가장 먼저 맛보게 된 거지.

집에 오자마자 백냥이는 수첩 두 개를 꺼냈어.

용돈 기입장엔 이렇게 쓰고,

오늘의 지출 0원

◇ 용돈기입장 ◇

날짜	내용	들어온 돈	나간 돈	남은 돈
				3,000원
5/8	참치 맛 라면, 새우주스	0원	4,000원 (똑냥이한테 1,000원 빌림)	-1,000원
6/2	직업체험 활동비	36,640원		36,640원 (-1,000원 똑냥이한테 갚아야 할 돈)
6/2	똑냥이에게 빚 갚음		1,000원	35,640원
6/5	용돈	20,000원		55,640원
6/5	저축		45,640원	10,000원
6/6	연어 듬뿍 롤케이크		3,500원	6,500원
7/3	용돈	20,000원		26,500원
7/6	오늘의 지출		0원!!!	

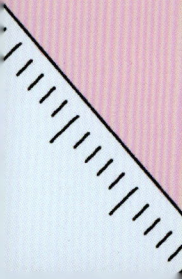

개념 쏙쏙 저축

살다 보면 생각지도 못했던 경제적 어려움에 처하기도 해. 갑자기 큰 병에 걸려서 병원비로 큰돈이 필요하거나, 일자리를 잃어서 부족한 생활비 때문에 허덕일 수도 있어. 그리고 자기가 버는 돈보다 비싼 물건을 충동구매해서 돈을 갚지 못하는 경우도 있지. 이렇게 빚을 지면 빌린 돈뿐만 아니라 이자까지 갚아야 해서 큰 부담이 돼.

그럴 때를 대비해 꼭 필요한 게 '저축'이야. 평소에 용돈이나 월급처럼 다달이 들어오는 돈의 일부를 차곡차곡 모아 저축하면 어려움이 닥쳤을 때 큰 도움이 된단다.

남은 용돈은 어디에 투자하면 좋아요?

돈을 버는 방법에는 여러 가지가 있어. 모아 둔 돈을 '투자'하는 것도 그중 하나란다. 투자는 주식, 펀드, 예금 같은 방법으로 할 수 있지.

회사를 세우고 운영하려면 많은 돈이 필요해. 회사는 '주식'이라는 증서를 발행해서 회사에 필요한 돈을 마련하지. 그 회사의 주식을 산 투자자를 '주주'라고 하고, 투자한 회사에 이익이 생기면 이익을 나눠 받아. 펀드는 주식 투자를 직접 하기 어려운 경우 전문가에게 투자를 맡기는 거야. 예금이란 돈을 은행에 맡겨 두었다가 일정 기간이 지나면 이자와 함께 되찾는 거지.

투자할 곳을 잘못 고르거나, 무리한 투자를 하면 큰 손해를 입을 수도 있어. 그래서 투자하기 전에 경제 공부를 꾸준히 하고, 경제 흐름에 관심을 가져야 해.